De la même auteure chez Québec Amérique

Jeunesse

L'albatros et la mésange, Hors collection, 2019.
La Vérité sur les vraies princesses, coll. Albums, 2012.
Ta voix dans la nuit, coll. Titan, 2001.

SÉRIE ALEXIS
7 titres parmi lesquels :
Valentine picotée, coll. Bilbo, 1998 ; nouvelle édition, 2019.
Toto la brute, coll. Bilbo, 1998 ; nouvelle édition, 2019.
Marie la chipie, coll. Bilbo, 1997 ; nouvelle édition, 2019.

SÉRIE CHARLOTTE
Une infirmière du tonnerre, Hors collection, 2018.
Une gouvernante épatante, coll. Bilbo, 2009 ; nouvelle édition, 2018.
La Fabuleuse Entraîneuse, coll. Bilbo, 2007 ; nouvelle édition, 2017.
L'Étonnante Concierge, coll. Bilbo, 2005 ; nouvelle édition, 2017.
Une drôle de ministre, coll. Bilbo, 2001 ; nouvelle édition, 2016.
Une bien curieuse factrice, coll. Bilbo, 1999 ; nouvelle édition, 2015.
La Mystérieuse Bibliothécaire, coll. Bilbo, 1997 ; nouvelle édition, 2015.
La Nouvelle Maîtresse, coll. Bilbo, 1994 ; nouvelle édition, 2015.

La Nouvelle Maîtresse, Livre-Disque, 2007.

SÉRIE JACOB JOBIN
La Grande Quête de Jacob Jobin, Tome 3 – La Pierre bleue, coll. Tous Continents, 2010.
La Grande Quête de Jacob Jobin, Tome 2 – Les Trois Vœux, coll. Tous Continents, 2009.
La Grande Quête de Jacob Jobin, Tome 1 – L'Élu, coll. Tous Continents, 2008.

SÉRIE MARIE-LUNE
Pour rallumer les étoiles – Partie 2, coll. Titan +, 2009.
Pour rallumer les étoiles – Partie 1, coll. Titan +, 2009.
Un hiver de tourmente, coll. Titan, 1998.
Ils dansent dans la tempête, coll. Titan, 1994.
Les grands sapins ne meurent pas, coll. Titan, 1993.

SÉRIE MAÏNA
Maïna, Tome II – Au pays de Natak, coll. Titan +, 1997.
Maïna, Tome I – L'Appel des loups, coll. Titan +, 1997.

Léon Maigrichon

Projet dirigé par Marie-Lise Demers, éditrice

Conception graphique et mise en pages : Gabrielle Deblois
Révision linguistique : Sabrina Raymond
Illustrations : Andréane Bossé

Québec Amérique
7240, rue Saint-Hubert
Montréal (Québec) Canada H2R 2N1
Téléphone : 514 499-3000, télécopieur : 514 499-3010

Nous reconnaissons l'aide financière du gouvernement du Canada.

Nous remercions le Conseil des arts du Canada de son soutien.
We acknowledge the support of the Canada Council for the Arts.

Nous tenons également à remercier la SODEC pour son appui financier. Gouvernement du Québec – Programme de crédit d'impôt pour l'édition de livres – Gestion SODEC.

Canada | Conseil des arts du Canada | Canada Council for the Arts | SODEC Québec

Catalogage avant publication de Bibliothèque et Archives nationales du Québec et Bibliothèque et Archives Canada

Titre : Léon Maigrichon / Dominique Demers.
Noms : Demers, Dominique, auteur.
Collections : Demers, Dominique Série Alexis ; 5.
Description : Deuxième édition. | Mention de collection : Série Alexis ; 5
Identifiants : Canadiana 20190039582 | ISBN 9782764440568
Classification : LCC PS8557.E4683 L46 2020 | CDD jC843/.54—dc23

Dépôt légal, Bibliothèque et Archives nationales du Québec, 2020
Dépôt légal, Bibliothèque et Archives du Canada, 2020

quebec-amerique.com

Imprimé au Canada

DOMINIQUE DEMERS
Illustrations d'Andréane Bossé

Léon Maigrichon

QuébecAmérique

À Julien Demers,
mon beau filleul

À tous mes jeunes lecteurs
qui ont un cœur de champion

1

Champion de rien

Crispette m'a accompagné à l'école ce matin. Ce n'est pas ma nouvelle blonde ! C'est une sauterelle séchée. Le **plus beau spécimen** de ma collection d'insectes.

Macaroni, notre enseignante, nous a demandé d'apporter un

objet qu'on aime pour une présentation en classe.

— Un objet, c'est une chose non vivante, a précisé Macaroni.

Ça voulait dire : **défendu** d'apporter notre animal préféré. Crispette n'est pas vraiment un objet mais elle n'est pas vivante. J'ai pensé que ça passerait.

— Alexis, c'est à ton tour ! a annoncé Macaroni.

On dirait qu'elle fait exprès pour nommer mon nom quand je suis dans la lune. Rosaline Lamonde m'a secoué l'épaule pour que je revienne sur terre.

Je me suis dirigé vers l'avant **sans remarquer** que Rémi Legrand avait laissé traîner ses pieds dans l'allée. Les pieds de Rémi sont presque aussi longs qu'une planche à roulettes. J'ai trébuché et Crispette a fait un vol plané.

Ma sauterelle a atterri dans un gobelet de yogourt à moitié vide sur le pupitre de Yuri. **L'espèce de cornichon** ne l'avait pas terminé pendant la collation.

— Beurk ! a beuglé Yuri.

— Dégoûtant ! s'est écriée Rosaline Lamonde.

J'ai volé au secours de Crispette. Malheureusement, ses pattes maigres **ultra-fragiles** étaient déjà enfoncées dans le yogourt à la fraise.

Et elles y sont restées ! Mon plus beau spécimen d'insecte est maintenant démoli.

Macaroni voulait que je fasse ma présentation quand même. **J'ai refusé.** J'étais trop fâché parce que plusieurs élèves se sont moqués de ma sauterelle séchée.

Après, Diego nous a montré son trophée de hockey. Une grosse affaire laide qui pèse autant qu'un éléphant. Diego se pensait bon. Comme s'il avait gagné le trophée du meilleur compteur de la Ligue nationale de hockey.

N'empêche ! Diego et son **trophée éléphant** ont eu beaucoup plus de succès que moi avec ma sauterelle. Tout le monde aime les champions !

Ma classe est remplie de champions. Philibert gagne tous les tournois de jeux vidéo et

Rosaline Lamonde bat tous ses adversaires aux échecs. Julianne remporte des prix en jouant du violon et Mélodie des tas de médailles en course à pied. Raphaël est **champion** souffleur

de gommes ballounes et Isabella est championne à la corde à sauter.

Moi ? Maman dit que je suis champion pour faire enrager ma sœur. Mais ça ne compte pas. La vérité c'est que je suis champion… **de rien !**

Parfois, le soir, avec mon père, je lis *Le Livre Guinness des records*. Établir un record, c'est une façon de devenir champion. Un Québécois a avalé un camion entier (coupé en petits morceaux, bien sûr). Moi, j'ai déjà mangé **sept hamburgers d'affilée**. Mais ce n'est pas assez pour que mon nom soit inscrit dans Le Livre Guinness des records.

Je suis peut-être le champion des pas chanceux. **La preuve?** Macaroni vient de lancer un concours super-nono. Avant les **vacances** d'été, nous devons élire le champion des champions de la classe.

L'élève qui mérite le plus notre admiration.

Le grand champion gagne **dix coupes glacées** ! Une par semaine, pendant tout l'été, à L'ours polaire, la meilleure crèmerie du monde entier.

J'adore les coupes glacées. Je serais prêt à **TOUT**, ou presque, pour en gagner dix. Je pense que j'accepterais même de jouer à la poupée Barbie pendant toute une journée avec Marie la chipie.

Fesses de **maringouin** ! Je suis **désespéré** !

2
L'Étalon noir

L'annonce était collée dans la vitre du dépanneur :

Les météores

« Nous fabriquons des champions. »

Bienvenue aux 8 ans et plus

J'ai maintenant un plan ! **Alexis Dumoulin-Marchand** va devenir champion de vélo.

Ça tombe bien ! À ma fête, l'automne dernier, j'ai hérité du vélo de mon cousin. Je rêvais d'un beau vélo **rouge** tout-terrain pour foncer dans les sous-bois. Au lieu de ça, j'ai reçu un vieux vélo de course noir.

— Un vrai vélo de compétition ! a dit mon père. Ça vaut une

fortune, fiston. Il est solide, léger et **per-for-mant** !

Papa était tout content. Moi, j'étais déçu. Mais plus maintenant.

Tenez-vous bien ! Alexis s'en vient.

En attendant la première réunion du club Les météores, j'ai fait un rêve pré-mo-ni-toi-re. Un rêve qui annonce l'avenir !

Dans mon rêve, mon **super vélo** fendait l'air à la vitesse de l'éclair. Il avait un nom : l'Étalon noir. Comme dans le film où un garçon et son cheval remportent **toutes les courses**.

J'étais en pleine compétition et mon vélo était le plus rapide. La foule hurlait :

— Vas-y, Alexis !

J'apercevais la ligne d'arrivée. Droit devant. Il me restait deux cyclistes à dépasser.

Je me suis penché vers le guidon de l'Étalon noir et lui ai murmuré :

— T'es capable. On va gagner !

Mon vélo a bondi. On aurait dit un vrai cheval **pur-sang**. Il a doublé de vitesse.

Au micro, une voix a annoncé :

— Et le champion est... Alexis Dumoulin-Marchand !

Les **applaudissements** crépitaient. Isabella a couru vers moi. Elle allait m'embrasser. J'ai avancé mes lèvres et...

J'ai découvert ma mère penchée sur moi !

ALEXIS
ALEXIS

— Alexis, réveille-toi, mon petit poussin chéri. On est samedi. La réunion de ton club de vélo a lieu dans moins d'une heure.

J'ai avalé en vitesse trois gaufres à la banane avec du sirop au chocolat et deux grands verres de jus de pomme. Pour être sûr de ne pas **mourir de faim**, j'ai englouti aussi un muffin aux bleuets. Puis j'ai filé jusqu'au centre communautaire à deux rues de chez moi.

La salle de réunion était remplie de cyclistes. Ils étaient tous plus âgés que moi et ressemblaient à de **vrais athlètes** avec des muscles bien évidents.

J'ai pensé que le vélo de course, ce n'est peut-être pas pour moi. En gardant ma sœur cet été, je

pourrais sûrement gagner assez d'argent pour me payer dix coupes glacées.

J'allais rentrer à la maison et jouer à *Minecraft* sur l'ordi de mon père lorsqu'un petit monsieur à lunettes s'est **dirigé vers moi**.

— Bonnejour ! Zé souis Vladimir, lé chef entraîneur, a-t-il dit en me tendant la main.

Je voulais encore partir. **Sauf qu'il était trop tard !**

3

Pattes de cure-dent

Vladimir écrabouille mes doigts en serrant ma main. Il n'est pas gros ni grand, mais il est rudement fort. Son accent est différent parce qu'il vient de Russie. Avant, il était **champion** dans son pays.

Le chef entraîneur s'adresse aux cyclistes réunis. Il explique que les membres du club Les météores s'entraînent au moins quinze heures par semaine.

— Quel qué soit leurrre âge, précise Vladimir.

Quinze heures par semaine ! Pas besoin d'être **génie** en mathématiques pour comprendre que ça signifie plus de deux heures par jour. Tous les jours !

Vladimir annonce, en me fixant droit dans les yeux, que la

première compétition junior aura lieu dans six semaines.

Et pour finir, il lance, d'une voix de **général d'armée** :

— Lé entraînement des enfants déboute demaine matin. À houit heures pile !

Je me précipite vers la sortie. *Minecraft* m'attend. Ma main **touche** la poignée de porte lorsque mon nom retentit :

C'est Léon, un élève de ma classe. Il est petit et ne dérange jamais personne.

Je n'arrive pas à cacher ma surprise :

— Tu fais du vélo, toi ?

Léon rougit. Il est vraiment timide.

— Vladimir... c'est mon père.

J'aurais dû y penser ! Ils sont petits et maigres tous les deux. Et le vrai prénom de Léon, c'est Leonid. Ça doit être russe. Son surnom, par contre, c'est « Léon Maigrichon ». Parce qu'il est aussi mince qu'un poil de brosse à dents !

— Je suis content que tu sois dans le club, Alexis, dit Léon en rougissant à nouveau. On va pouvoir s'entraîner ensemble.

J'allais lui dire que j'avais changé d'idée et que je ne serais pas dans le club lorsque mes yeux sont tombés sur les jambes de Léon.

On dirait des **cure-dents** ! À côté de lui,

j'ai déjà l'air d'un champion cycliste.

Soudain, j'ai pensé que si Léon Maigrichon pouvait faire partie du club, ça ne pouvait pas être SI difficile.

— À demain, Alexis ? m'a demandé Léon.

J'ai fait la **gaffe** de répondre :

— OUI !

4
Le secret de Léon

J'arrive essoufflé au parc des Braves pour le premier entraînement. Vladimir me fusille d'un regard sévère.

— Tou es en rétard, Alexisse !

Pour le prouver, il me tend la montre dans sa main. La grosse aiguille dépasse **à peine** le chiffre douze !

Léon et deux enfants plus grands sautent sur place en écartant les jambes et les bras. **J'essaie** de faire comme eux. Juste comme je viens de comprendre l'exercice, Vladimir nous en impose un autre. Et un autre. Et un autre encore.

À la fin, je me sens comme une **vieille lavette**. Mouillé, puant et prêt à m'écraser.

C'est à ce moment que Vladimir lance un nouvel ordre :

— À vos vélos ! On commence !
Trois fois le tour du parc. Et vite !

QUOI ? *On commence ?* Je pensais qu'on avait fini !

Les trois autres sont prêts à décoller. **Pas moi.** J'en ai assez. Tant pis pour les coupes glacées. Je rentre à la maison.

— Youhou ! Alexis !

C'est Isabella, accompagnée de Kim et Lucas. Ils sont venus m'encourager.

Fesses de maringouin !

Plus question d'abandonner. Je dois leur montrer qu'Alexis Dumoulin-Marchand a du cœur au ventre. C'est une expression de Macaroni. Ça veut dire qu'on a du courage en réserve et qu'on est prêt à l'utiliser.

Je monte sur l'Étalon noir et je commence à pédaler. Après tous les exercices, mes mollets me font déjà souffrir.

Tant pis ! J'accélère en pesant fort sur mes pédales.

— C'est beau, Alexisse ! Continiou ! m'encourage Vladimir.

Ça me donne de l'énergie. Je me sens rapide. Même que je me trouve pas mal bon… Jusqu'à ce que je me fasse dépasser. Par Léon Maigrichon !

Pattes-de-cure-dent roule plus vite que moi. Quelle honte !

J'accélère encore mais je n'arrive pas à le rattraper. J'ai mal partout. Aux jambes, aux cuisses, au dos, aux épaules… et surtout, j'ai mal au ventre.

Mon dernier repas **ballotte** bizarrement dans mon estomac.

Je freine devant Vladimir.

— Tou es fatigué, Alexisse ? demande-t-il.

— Oui ! Et j'ai envie de vomir...

— Pas grrrave, Alexisse, dit Vladimir, très calme. Vomis si tou veux.

J'ai sûrement mal entendu...

— Vous voulez... que je vomisse ?!!

— Si tou as besoin, vomis, Alexisse. Mais aprrrès, pédaler. Pas bon arrêter. Le plousse important, c'est la *perséverserance*.

La quoi ? Macaroni corrigerait mon entraîneur, je pense.

Soudain, j'entends des voix. Mes admirateurs sont pâmés devant **Pattes-de-cure-dent** :

— Bravo, Léon !

— Wow ! T'es vraiment bon !

— Qu'est-ce que tu manges pour rouler si vite ?

Tête de têtard ! Bonne question. Je n'y avais pas pensé...

Léon a un secret ! Il se frotte les jambes avec une crème **magique**. Ou son vélo est muni d'un dispositif **unique**. À moins qu'il n'avale un breuvage **spécial**. Avec de la drogue dedans.

Oui ! C'est ça. Les champions cyclistes sont souvent disqualifiés parce qu'ils trichent en se **DROGUANT** !

Léon a un secret. C'est sûr. Et Alexis Dumoulin-Marchand va le découvrir !

5

Ouache ! Yark ! Beurk !

AU SECOURS ! À L'AIDE !

Ma vie est une catastrophe.

Le deuxième entraînement était **encore pire** que le premier. Et le troisième **plus difficile** encore. À tous les jours, je songe à abandonner.

Le soir, quand je me glisse dans mon lit, on dirait que mes mollets vont **exploser**. Mes bras sont raides comme un manche à balai et mon dos plus tordu qu'une réglisse. Sans compter que je suis **é-pui-sé** !

À chaque fois que je passe devant lui, pendant l'entraînement, Vladimir rugit :

— Plousse vite, Alexisse ! Plousse vite ! Tou es capabe.

À chaque fois qu'il me dépasse, Léon m'encourage :

Il n'est même pas essoufflé! C'est sûrement grâce à son **secret**.

N'empêche que Léon Maigrichon est un **vrai gentil**. Il m'encourage beaucoup et ne se vante pas du tout. En plus, il ne se plaint jamais. C'est pourtant lui qui a le plus vieux vélo. Et le moins performant !

C'est dommage qu'on compétitionne dans la même catégorie. Un seul de nous sera **champion**. Et à moins que je découvre son secret, ce sera Léon.

— Veux-tu prendre une collation chez moi ? propose Léon à la fin de l'entraînement.

J'accepte sans hésiter. À mes oreilles, le mot **«collation»** sonne toujours bon. Je ne savais pas que sa mère nous servirait de la soupe à la betterave !

C'est une spécialité en Russie. De la soupe rouge cuisinée avec des betteraves et du vinaigre. Ils appellent ça du *bortsch*. Et ça goûte comme ça sonne.

Ouache! Yark! Beurk!

J'observe Léon. Il avale sa soupe à toute vitesse. Il n'en reste plus une goutte dans son bol lorsqu'il a terminé.

C'est là que j'ai un éclair de génie.

— Le secret est dans la soupe!

Crotte de pet! J'ai parlé tout haut. Léon a les yeux remplis de points d'interrogation.

Je bafouille :

— Euh… Je veux dire… C'est quoi le secret de cette soupe ? Je voudrais donner la recette à ma mère…

De retour à la maison, je vérifie sur Internet. **Yabadabadou!** J'avais raison. Le secret est dans la soupe. Les betteraves contiennent beaucoup de fer. Et le fer, pour un athlète, c'est aussi important que les bananes pour un singe ou les arachides pour un éléphant.

Pour devenir champion cycliste, je dois manger des betteraves. Des **tonnes** et des **tonnes** de betteraves.

Je vais supplier mes parents pour qu'ils cuisinent de la soupe à la betterave, du macaroni à la

betterave, des hamburgers à la betterave, du jus de betterave, des tartes à la betterave, de la pizza...

Et dès aujourd'hui ! Vladimir a annoncé que nous participerons à une **compétition amicale** samedi prochain. C'est une sorte de pratique avant la vraie compétition qui a lieu dans un mois.

6
Pedro la peste

On se dirigeait tranquillement vers le kiosque d'inscription lorsqu'un **cyclone** sur deux roues a failli nous renverser.

— C'est Pedro la peste, a annoncé Léon, découragé.

Pedro s'entraîne dans le club des TTV : les Très très vites. Son père est très très riche. Il a un vélo fabriqué sur mesure, juste pour lui. Son nom est gravé sur le cadre en lettres argentées !

Pedro est **mille fois** plus détestable que ma sœur à son pire. Pendant qu'on prenait nos dossards avec un numéro pour la compétition, Pedro s'est moqué du vélo de Léon.

— As-tu trouvé ton paquet de ferrailles dans les poubelles, Léon ?

Mon ami a baissé les yeux. J'avais de la peine pour lui.

En attendant le **signal** de départ, Pedro s'est installé à côté de moi.

— Je peux examiner ton vélo ? m'a-t-il demandé. Je le trouve beau.

Je l'ai laissé tripoter les pneus de mon vélo, jouer avec le dérailleur, les pédales…

— Beau bolide, a-t-il conclu.

Une voix a annoncé : **À vos marques… Prêts ? Partez !**

Pedro a décollé comme une flèche. Les autres cyclistes ont suivi.

Moi, je n'ai pas bougé. Ma chaîne était **décrochée** !

Pedro voulait toucher à mon vélo pour pouvoir le saboter !

Les autres cyclistes étaient déjà loin. Aussi bien **abandonner**.

— Laisse-moi faire, Alexis ! a lancé Léon.

Il m'avait vu immobile et il était revenu. Mon ami a remis rapidement ma chaîne en place. Puis il est reparti en **vitesse**.

De loin, je l'ai entendu crier :

— Lâche pas, Alexis ! Pedro serait trop content.

Il avait raison. Mon vélo a décollé. Je regardais droit devant en pensant seulement à avancer. **Vite !**

J'ai réussi à rattraper le dernier cycliste. Puis je l'ai dépassé. J'en ai devancé un autre. Et un autre encore. Les muscles de mes mollets étaient en feu !

Il y avait encore une dizaine de cyclistes devant moi. Je n'avais aucune chance d'arriver dans les trois premiers. Ça m'a **découragé**.

J'allais ralentir lorsqu'une petite voix, à l'intérieur de moi, a répété les paroles de Vladimir :

L'important, c'est la **persévérsérance**. *Euh… La per-sé-vé-ran-ce !*

Alors j'ai persévéré. J'ai continué à pédaler le plus vite que je pouvais. **Encore. Et encore.**

Soudain, j'ai vu la ligne d'arrivée. J'ai imaginé qu'un gigantesque *sundae* avec du sirop au chocolat, des pépites multicolores, des cerises, du caramel et des noix était devant moi.

J'ai réussi à accélérer et j'ai piqué un superbe **sprint final**.

La voix au micro a annoncé :

016

— Alexis Dumoulin-Marchand, onze minutes et vingt-deux secondes malgré un retard au départ.

Les applaudissements **crépitaient** comme dans mon rêve. Ma sœur s'est jetée sur moi en criant :

— Héros, Marie-Cléo. HÉ-ROS !

Au lieu d'un *sundae* délicieux, j'ai eu droit à un bec baveux de ma sœur. Le pauvre Léon aussi.

Remarque qu'il le méritait bien. Léon est arrivé deuxième ! Malgré son retard au départ.

Mais qui est arrivé premier ?

Eh oui ! **Pedro la peste !**

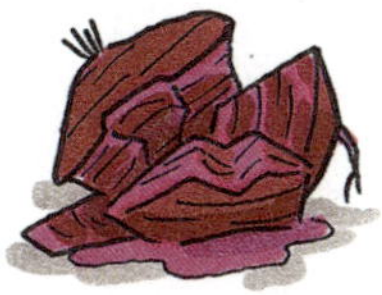

7

Frappé par un train

J'ai inventé une recette : la fondue à la betterave. Je trempe de **minuscules** cubes de betteraves dans une sauce au chocolat épaisse. Même là, je **déteste** les betteraves.

Léon et moi, on s'entraîne tous les jours. C'est normal : le championnat junior a lieu dans dix jours.

Hier, Léon est venu prendre une collation chez moi après l'entraînement. Je lui ai préparé un **triple-sandwich-hyper-super-protéiné**. Trois tranches de pain garnies de jambon à l'érable, de fromage cheddar, de beurre d'arachide et de grosses rondelles de bananes.

Ça donne un sandwich tellement épais qu'il faut **l'écraser** pour le faire entrer dans notre bouche. Léon a adoré. Il dit que je suis un champion cuisinier.

Si Pedro était devant moi, je lui offrirais un **triple-sandwich-hyper-super-con-ta-mi-né**. Je mettrais plein d'ingrédients qui goûtent bon, mais à la fin j'ajouterais des **crottes** de Batman, ma gerboise.

— ALEXZIS !!! Zé Léon au téléphone…, crie Marie-Cléo.

D'habitude, Léon est calme. Là, il est **très excité**.

— Devine quoi ? demande-t-il.

Il ne me donne même pas le temps de répondre.

— La boutique Vélopro commandite la prochaine compétition.

— O.K…

— Alexis ! Ça veut dire que le gagnant remporte un vélo de course neuf !

— Wow ! Super. Tu vas le gagner !

— C'est pas sûr du tout. Pedro est bon. Et son vélo, c'est de la dynamite. L'an dernier, il m'a battu à la moitié des compétitions.

— Tu t'entraînais l'an dernier ?

— Bien sûr. Et l'année d'avant aussi. C'est pour ça que je suis plus rapide que toi.

— C'est pas... à cause des betteraves ?

Léon éclate de rire.

— Qu'est-ce que les betteraves ont à voir avec le vélo ?

Ça m'a frappé comme un autobus. Pire. **Un train !**

Léon a raison. Qu'est-ce que les betteraves ont à voir avec le vélo ?

Fesses de maringouin ! Ma mère dit que j'ai trop d'imagination. Elle a raison.

Je me suis forcé à manger des tonnes de betteraves... Tellement que mon pipi était **mauve** ! Pour rien.

8

Des sauterelles dans le ventre

Si ça continue, je vais arriver en retard. À cause de ma sœur! La chipie insiste pour que maman lui fasse un **milliard** de petites couettes. Marie-Cléo veut ressembler à Fabiola Tortellini, une chanteuse poche. C'est l'idole des **petites horreurs** de son âge.

Je dis la vérité :

— T'as l'air d'un porc-épic, Marie-Cléo.

Ah non ! Ma sœur commence à **pleurnicher**.

— C'est une blague, Marie-Cléo. Tu es... très belle. Tu as l'air... d'une princesse.

Fiou ! Ma sœur ravale ses larmes et on arrive à temps à la compétition Vélopro junior.

L'événement pour lequel je m'entraîne depuis six semaines.

— Es-tou nervouse, Alexisse? demande Vladimir en m'apercevant.

Moi? Nerveux? Ben non… C'est juste que j'ai les jambes molles

comme des **spaghettis** trop cuits, mes mains dégouttent de transpiration et j'ai des sauterelles dans le ventre.

J'ai peur de rater mon départ. J'ai peur d'arriver dernier. J'ai peur de faire une chute. J'ai peur d'avoir un ennui mécanique...

— Je pense que je vais vomir.

Vladimir éclate de rire.

— Mais non, Alexisse. Tout va bien. N'oublie pas : l'important, c'est...

— La per-sé-vé-rance !

Léon avance **lentement** vers nous. Il n'a pas l'air bien.

Même que des larmes roulent sur ses joues. Que se passe-t-il ?

Léon nous raconte qu'il a abandonné son vélo pendant deux minutes, le temps de faire pipi. En sortant des toilettes, il a trouvé son vélo **démoli**. Les pneus sont crevés, la roue avant est tordue et des rayons ont été arrachés.

Vladimir serre son fils dans ses bras. Il n'y a pas de solution miracle. Léon ne pourra **pas participer** à la course.

Le présentateur annonce au micro :

— Les compétiteurs sont priés de prendre place. Le départ a lieu dans cinq minutes.

Je m'installe derrière la ligne de départ. J'ai le moral dans les talons. Léon s'est tellement entraîné. Et il avait de bonnes chances de gagner. C'est trop **en-ra-geant** !

— Il paraît que ton ami a des ennuis, lance quelqu'un à côté de moi.

Pedro ! Il sourit **méchamment**.

Le coupable, c'est lui. Je m'en doutais. J'en suis maintenant sûr.

Si je m'écoutais, je le démolirais. Je respire profondément trois fois pour me calmer.

Dans la foule, Isabella me fait de grands signes. Je lui réponds. Kim et Lucas m'envoient aussi la main. Léon est avec eux, parmi les spectateurs.

— Bonne chance, Alexis! crie-t-il en souriant bravement.

Je sens mon cœur **s'émietter**.

— Départ dans deux minutes, lance le commentateur.

— Léon !

C'est moi qui viens de crier. Dans la foule, tous les regards se tournent vers moi.

— Viens ! Vite !

Léon ne comprend pas. Ou il n'ose pas.

Isabella a tout deviné. Elle tire Léon **par le bras** et court jusqu'à moi.

Prends ma place, Léon.
Je te prête mon vélo.
Vite ! Vas-y !

9

Le grand zampignon

Macaroni compte les bulletins de vote. Dans quelques instants, elle va annoncer le nom du champion des champions. Tout le monde se doute que c'est Léon.

Sa victoire à la course Vélopro junior a fait **le tour de l'école**. Personne ne se doutait que

Léon Maigrichon est un champion avant que sa photo circule sur Internet. On le voit tout souriant avec une médaille d'or au cou et un **superbe** vélo de course derrière lui.

J'aurais aimé voir le **visage** de Pedro quand Léon l'a devancé à 500 mètres de la ligne d'arrivée.

Vladimir hurlait de joie. Moi aussi. Et ma petite nouille de sœur a crié, assez fort pour que tout le monde entende :

La foule a bien ri.

Je suis **fier** de mon Étalon noir. Plus question de l'échanger contre un vélo tout-terrain. Je ne serai peut-être jamais aussi bon en course à vélo que Léon. Mais j'ai le goût de m'améliorer. J'aime sentir mes mollets en feu et vivre **l'excitation** d'une compétition.

Macaroni prend son temps. Elle recoiffe ses cheveux, s'éclaircit la gorge…

Bon. **Enfin!** Elle va parler.

— J'ai compté vingt-huit bulletins, commence-t-elle. Tous les élèves de la classe ont voté. Et vingt-sept d'entre vous ont voté pour la même personne.

Macaroni fait une pause puis se tourne vers Léon.

— Léon a remporté un important défi cycliste. Nous sommes tous très fiers de lui. D'autres élèves ont réussi de formidables exploits. Bravo ! Mais le champion des champions est… ALEXIS DUMOULIN-MARCHAND !

Quoi ? Moi ? **C'est impossible.**

— En cédant son vélo à Léon en pleine compétition, Alexis a agi en champion. Il a utilisé à fond le muscle le plus important du corps humain : le cœur. C'est lui, le meilleur des meilleurs ! a conclu Macaroni.

Toute la classe applaudit.

Léon me remet le certificat-cadeau de L'ours polaire donnant droit à dix coupes

glacées. Ses yeux sont brillants. Il est aussi content que moi. Je n'ai peut-être pas remporté la médaille d'or, mais j'ai un nouvel ami en or.

Selon mes nouvelles mathématiques, dix coupes glacées, ça ne représente **pas** une coupe par semaine pendant tout l'été. Ça veut plutôt dire que je peux inviter Isabella, Lucas, Kim, Léon, papa, maman, Marie-Cléo, mon cousin et peut-être **même** Macaroni.

L'ours polaire
caramel
petite
mangue

Remerciements

J'aimerais remercier trois formidables éducatrices : Denise Boileau-Francœur, Suzanne Gaudreault et Julie Cyr. Sans vos précieux conseils, *Léon Maigrichon* serait bien moins bon.

Merci également au vrai Alexis qui est grand maintenant et que j'admire encore davantage.

Photo : © Martine Doyon

Dominique Demers

Dominique Demers a signé plus de 70 œuvres de fiction pour enfants, adolescents et adultes. Aujourd'hui devenus des classiques de la littérature québécoise, les romans de la série *Alexis* ont fracassé des records de popularité. Ils ont fait rire et transmis le goût de lire à plusieurs générations d'enfants.

Adresse du site de l'auteure :
dominiquedemers.ca

De la même auteure chez Québec Amérique

Adulte

Mon fol amour, coll. Tous Continents, 2017.
Chronique d'un cancer ordinaire – Ma vie avec Igor, Hors collection, 2014.
Pour que tienne la terre, coll. Tous Continents, 2013.
Là où la mer commence, coll. Tous Continents, 2011.
Au bonheur de lire, Comment donner le goût de lire à son enfant de 0 à 8 ans, coll. Dossiers et Documents, 2009.
Pour rallumer les étoiles, coll. Tous Continents, 2006.
Le Pari, coll. Tous Continents, 1999 ; nouvelle édition en format de poche, coll. Nomades, 2016.
Maïna, coll. Tous Continents, 1997 ; nouvelle édition, 2014.
Marie-Tempête, coll. Tous Continents, 1997.
La Bibliothèque des enfants, Des trésors pour les 0 à 9 ans, coll. Explorations, 1995.
Du Petit Poucet au Dernier des raisins, coll. Explorations, 1994.

Photo : © Maria Pasik

Andréane Bossé

Exploratrice de l'art sous toutes ses formes, Andréane Bossé sillonne à présent les vastes territoires de l'illustration. Elle y retrouve Alexis, un ami de son enfance qui l'a initiée aux univers passionnants des livres et des histoires.

C'est avec bonheur qu'elle revisite ses trépidantes aventures, en leur offrant de nouvelles couleurs.